TDD NA PRÁTICA
COM ELIXIR

Uma Jornada de Aprendizado Através do
Test-Driven Development com Elixir

Guilherme Ferreira

Este livro é dedicado à minha família, o pilar da minha vida, que me oferece suporte incondicional em cada passo que dou. À minha esposa, Aline, que compartilha comigo as alegrias e desafios da nossa jornada, oferecendo amor, compreensão e parceria inigualáveis. Ao meu filho, Murilo, que com seu sorriso e curiosidade sobre o mundo me inspira todos os dias a ser a melhor versão de mim mesmo.

Estendo esta dedicatória aos meus familiares e amigos, cujo apoio, encorajamento e presença têm sido fundamentais em minha trajetória pessoal e profissional. Vocês são as estrelas que iluminam meu caminho, proporcionando alegria e conforto nos momentos de dúvida e incerteza.

Aos meus colegas de trabalho, cuja colaboração, inovação e comprometimento não apenas enriquecem nosso ambiente profissional, mas também moldam o futuro da tecnologia. Juntos, enfrentamos desafios, celebramos conquistas e continuamos a aprender uns com os outros a cada dia.

Por fim, mas não menos importante, agradeço aos meus alunos espalhados pelo Brasil e pelo mundo. Vocês são a razão pela qual me dedico a ensinar e compartilhar conhecimento. Ver o crescimento e o sucesso de cada um de vocês é a maior recompensa que um educador pode receber. Este livro também é para vocês, na esperança de que possa iluminar seu caminho no mundo do desenvolvimento de software e além.

ÍNDICE

PRÓLOGO

Uma Jornada Iniciática

Antes de mergulharmos nas profundezas do Desenvolvimento Guiado por Testes (TDD) e descobrirmos as maravilhas da programação com Elixir, convido você a fazer uma pausa e contemplar o início de uma jornada extraordinária. Este não é apenas um livro sobre como escrever testes ou como utilizar uma linguagem de programação; é uma aventura que transformará sua forma de pensar e abordar a criação de software.

Imagine-se como um artesão, onde cada linha de código é uma pincelada em sua obra-prima. O TDD e Elixir são suas ferramentas, mas a verdadeira magia reside na sua habilidade de combiná-las para criar algo duradouro e belo. Estamos prestes a embarcar numa viagem que desafia convenções, abraça a experimentação e celebra a aprendizagem contínua.

Prepare-se para explorar novos territórios, superar obstáculos e descobrir a satisfação profunda que vem de construir software robusto, elegante e funcional. Seja bem-vindo ao mundo onde a qualidade lidera o desenvolvimento, e a paixão pela programação é a bússola que nos guia.

PREFÁCIO

Ao embarcar na jornada de escrever este livro, refleti profundamente sobre as muitas horas que passei diante do meu computador, mãos no teclado, imerso no universo do Test-Driven Development (TDD) com Elixir. Não é apenas uma prática de desenvolvimento de software para mim; tornou-se uma filosofia, uma maneira de encarar desafios e solucioná-los com precisão e confiança.

A satisfação de escrever código utilizando TDD com Elixir é algo difícil de colocar em palavras, mas é uma experiência que transformou profundamente a maneira como desenvolvo software. Cada função, cada módulo que emerge do ciclo red-green-refactor não é apenas um pedaço de código; é uma peça cuidadosamente testada e validada de um quebra-cabeça maior. Elixir, com sua concorrência elegante e funcionalidades robustas, oferece o ambiente perfeito para essa abordagem meticulosa.

Lembro-me vividamente das primeiras vezes que apliquei TDD em projetos reais, sentindo uma mistura de ansiedade e excitação. A ansiedade vinha do medo do desconhecido, da preocupação de estar gastando tempo demais em testes ao invés de "realmente codificar". No entanto, essa percepção mudou rapidamente à medida que os benefícios se tornaram claros. A excitação, por outro lado, derivava da descoberta de uma nova forma de trabalhar, uma que elevava a qualidade do meu código a níveis que eu não imaginava serem possíveis.

A verdadeira recompensa de adotar TDD com Elixir se manifestou no momento da entrega das tarefas. O ato de entregar uma funcionalidade complexa, sabendo que ela foi meticulosamente testada, sem ter que perder horas ou dias corrigindo bugs após o lançamento, é imensamente gratificante. A ausência de bugs e a qualidade da entrega não são apenas uma prova do esforço e atenção aos detalhes investidos, mas também um testemunho da eficácia do TDD.

Esta metodologia me ensinou a valorizar a prevenção sobre a correção, a planejar antes de agir e a apreciar a beleza de um código bem escrito e bem testado. Tornou-se uma segunda natureza abordar cada nova funcionalidade com a mentalidade de que, se vale a pena ser feito, vale a pena ser bem testado.

Escrever este livro foi uma oportunidade de compartilhar essa paixão e os conhecimentos adquiridos ao longo dos anos. Foi uma jornada de reflexão sobre minhas próprias práticas e uma chance de dialogar com outros desenvolvedores que, talvez, estejam buscando formas de melhorar a qualidade e a eficiência de seu trabalho.

Meu desejo é que, ao compartilhar minha experiência com TDD e Elixir, eu possa inspirar outros desenvolvedores a adotar essa abordagem, experimentar a mesma satisfação e orgulho em seu trabalho e descobrir o profundo impacto que uma dedicação ao detalhe e qualidade pode ter em suas carreiras e na indústria de software como um todo.

INTRODUÇÃO AO ELIXIR

O Que é Elixir?

Elixir é uma linguagem de programação dinâmica e funcional, criada por José Valim, destinada ao desenvolvimento de aplicações escaláveis e de fácil manutenção. Baseia-se na Máquina Virtual Erlang (BEAM), que é renomada por rodar sistemas distribuídos de alta disponibilidade.

Características Principais

Concorrência

A concorrência em Elixir é gerenciada pelo modelo de atores do Erlang, onde processos leves comunicam-se através de envio de mensagens. Este modelo facilita o desenvolvimento de aplicações que executam várias tarefas simultaneamente de forma eficaz.

Exemplo Prático:

Imagine que você quer criar processos simultâneos para realizar tarefas independentes. Em Elixir, você pode facilmente iniciar processos e enviar mensagens entre eles:

```
my_project > lib > ● example.ex > ...
1   defmodule Example do
2     def send_message(pid) do
3       send(pid, {:hello, "from Elixir"})
4     end
5
6     def receive_message do
7       receive do
8         {:hello, msg} -> IO.puts(msg)
9       end
10    end
11  end
12
13  # Iniciando um processo e enviando uma mensagem
14  pid = spawn(Example, :receive_message, [])
15  Example.send_message(pid)
16
```

Para rodar basta utilizar o terminal e executar: elixir example.ex

Este código demonstra a criação de um processo que espera receber uma mensagem e um segundo processo que envia uma mensagem para o primeiro. A comunicação é feita de forma assíncrona e isolada.

Tolerância a Falhas

Elixir usa supervisores para garantir a resiliência do sistema. Supervisores monitoram os processos filhos e aplicam estratégias de reinicialização em caso de falhas, promovendo alta disponibilidade.

Metaprogramação

Elixir permite a metaprogramação com macros, que são expansões de código em tempo de compilação, facilitando a criação de DSLs (Domain-Specific Languages) e reduzindo a repetição.

Imutabilidade

Todos os dados em Elixir são imutáveis, o que simplifica o raciocínio sobre o estado do programa e aumenta a segurança das aplicações.

Sintaxe Elegante

Elixir oferece uma sintaxe clara e moderna, facilitando a leitura e escrita do código, além de promover uma experiência de desenvolvimento agradável.

POR QUE ELIXIR É UMA BOA ESCOLHA PARA TDD?

Testes Facilitados

A imutabilidade e o estilo funcional de Elixir tornam as funções mais fáceis de testar. Cada função pode ser testada isoladamente, garantindo que produza o mesmo resultado para os mesmos inputs.

Exemplo de Teste com ExUnit

Vamos escrever um teste simples usando ExUnit, o framework de testes que acompanha Elixir:

```
my_project > test > 🔬 math_test.exs > ...
 1  defmodule MathTest do
 2    use ExUnit.Case
 3
 4    test "sum of two numbers" do
 5      assert 2 + 3 == 5
 6    end
 7  end
 8
```

Este exemplo mostra um teste básico verificando a soma de dois números, demonstrando a simplicidade de escrever e executar testes em Elixir.

Feedback Rápido

O ciclo de feedback rápido é essencial em TDD, e Elixir, com ferramentas como Mix, facilita esse processo. Mix permite compilar o projeto, rodar testes, gerenciar dependências e muito mais com facilidade.

Elixir é uma escolha robusta para desenvolvedores que buscam uma linguagem moderna e funcional, que oferece ferramentas integradas para testes e desenvolvimento orientado a testes (TDD). A linguagem promove práticas de código limpo e seguro, enquanto o ecossistema Elixir suporta um desenvolvimento ágil e eficiente.

FUNDAMENTOS
DO TDD

Test-Driven Development (TDD) é uma metodologia de desenvolvimento de software que enfatiza a escrita de testes automatizados antes do código de produção. O processo do TDD pode ser resumido em um ciclo simples: Red-Green-Refactor.

Ciclo Red-Green-Refactor

1. Red (Vermelho)

Você começa escrevendo um teste para a nova funcionalidade que ainda não foi implementada. Como o código correspondente à funcionalidade ainda não existe, o teste falhará. Esse estado é chamado de "Red" (Vermelho) porque, em muitas ferramentas de teste, falhas são indicadas pela cor vermelha.

Exemplo:

Suponha que queremos desenvolver uma função que calcule a soma de dois números. Primeiro, escrevemos o teste:

```
my_project > test > 🔥 math_test.exs > ...
  1  defmodule MathTest do
  2    use ExUnit.Case
  3
  4    test "sum of 1 and 2 equals 3" do
  5      assert Math.sum(1, 2) == 3
  6    end
  7  end
  8
```

Como a função Math.sum/2 ainda não foi implementada, esse teste falhará se você tentar executá-lo.

2. Green (Verde)

O próximo passo é escrever o mínimo de código necessário para fazer o teste passar. O objetivo é simplesmente obter um teste "verde", ou seja, um teste que seja bem-sucedido.

Exemplo:

Aqui está a implementação mais simples que faz o teste anterior passar:

```
my_project > lib > 🔥 math.ex > ...
  1  defmodule Math do
  2    def sum(a, b) do
  3      a + b
  4    end
  5  end
  6
```

Executando o teste agora, ele passará, indicando sucesso com a cor verde.

3. Refactor (Refatorar)

Com o teste passando, você pode refatorar o código, melhorando sua estrutura, design ou eficiência sem alterar seu comportamento. Depois de refatorar, os testes devem ser executados novamente para garantir que nenhuma funcionalidade foi quebrada.

Exemplo:

Suponha que, no contexto mais amplo do projeto, você perceba que a função de soma será frequentemente chamada com listas de números. Você pode refatorar o código para aceitar uma lista de números, melhorando a flexibilidade:

```
my_project > lib > ● math.ex > ...
1   defmodule Math do
2     def sum(numbers) when is_list(numbers) do
3       Enum.reduce(numbers, 0, &(&1 + &2))
4     end
5   end
6
```

E atualize o teste correspondente:

```
my_project > test > ♦ math_test.exs > ...
1  defmodule MathTest do
2    use ExUnit.Case
3
4    test "sum of a list of numbers" do
5      assert Math.sum([1, 2]) == 3
6    end
7  end
8
```

Importância dos Testes Automatizados

Testes automatizados são essenciais no TDD, pois fornecem uma rede de segurança que permite que os desenvolvedores modifiquem e refatorem o código com confiança, garantindo que as funcionalidades existentes permaneçam intactas.

Benefícios do TDD

Melhoria da Qualidade do Código: TDD ajuda a identificar problemas desde cedo no ciclo de desenvolvimento, reduzindo bugs.

Design de Software Aprimorado: Ao escrever testes primeiro, os desenvolvedores são forçados a pensar na interface e design do código, resultando em sistemas mais limpos e modulares.

Documentação Viva

Os testes fornecem uma documentação atualizada de como o sistema deve se comportar.

Desenvolvimento Ágil

TDD encoraja pequenas iterações de melhorias, o que se alinha bem com metodologias ágeis.

CONFIGURAÇÃO DO AMBIENTE DE DESENVOLVIMENTO ELIXIR PARA TDD

Antes de começar a prática de Test-Driven Development (TDD) com Elixir, é essencial configurar corretamente o ambiente de desenvolvimento. Isso inclui a instalação do Elixir e a familiarização com ferramentas essenciais como Mix e ExUnit.

Instalação do Elixir

Para garantir que você tenha as instruções mais atualizadas e eficazes para instalar o Elixir, recomendamos seguir diretamente as orientações fornecidas no site oficial do Elixir. O processo de instalação pode variar dependendo do seu sistema operacional (Windows, macOS, Linux), e o site oficial oferece guias detalhados para cada plataforma.

Visite elixir-lang.org para instruções detalhadas sobre como instalar o Elixir em sua máquina.

Após a instalação, você pode verificar se o Elixir foi instalado corretamente executando elixir -v em seu terminal. Isso deve exibir a versão do Elixir, confirmando que a instalação foi bem-sucedida.

Configurando o Projeto Elixir com Mix

O Mix é uma ferramenta de build que vem com o Elixir, facilitando a criação de projetos, gerenciamento de tarefas, dependências e muito mais.

Para iniciar um novo projeto Elixir com Mix, execute o seguinte comando no terminal:

```
mix new my_project --module MyProject
```

Isso criará um novo diretório chamado my_project com uma estrutura de projeto padrão do Elixir, incluindo um diretório lib para seu código e um diretório test para seus testes, além de um arquivo mix.exs que define seu projeto e suas dependências.

ExUnit para Testes

ExUnit é o framework de testes embutido no Elixir, preparado para uso assim que você cria um novo projeto com Mix. Dentro do diretório test do seu projeto, você pode começar a escrever seus testes.

Exemplo de um Teste
Simples com ExUnit:

Para testar uma função que retorna "Hello, world!", você escreveria:

my_project/lib/my_project.ex:

```
 1  defmodule MyProject do
 2    @moduledoc """
 3    Documentation for `MyProject`.
 4    """
 5
 6    @doc """
 7    Hello world.
 8
 9    ## Examples
10
11        iex> MyProject.hello()
12        :world
13
14    """
15    def hello do
16      :world
17    end
18  end
19
```

my_project/test/my_project_test.exs:

```
 1  defmodule MyProjectTest do
 2    use ExUnit.Case
 3    doctest MyProject
 4
 5    test "greets the world" do
 6      assert MyProject.hello() == :world
 7    end
 8  end
 9
```

Para executar seus testes, navegue até o diretório do seu projeto no terminal e digite:

mix test

O Mix compilará seu projeto e executará todos os testes definidos nos arquivos do diretório test, fornecendo feedback sobre o sucesso ou falha de cada um.

Configurar seu ambiente de desenvolvimento para TDD em Elixir é um passo crucial para desenvolver software de alta qualidade. Seguindo as instruções oficiais para instalação e utilizando as poderosas ferramentas Mix e ExUnit, você estará bem preparado para adotar práticas de TDD em seus projetos Elixir.

ESCREVENDO TESTES COM EXUNIT

ExUnit é o framework de testes embutido no Elixir, projetado para ser fácil de usar e extensível. Ele é ativado por padrão em todo novo projeto Elixir, permitindo que você comece a testar seu código imediatamente.

Testes Unitários

Testes unitários focam em testar partes isoladas do código, geralmente funções individuais, para garantir que elas funcionem conforme esperado.

Exemplo de Teste Unitário:

Suponha que você tenha uma função que calcula o fatorial de um número. Primeiro, você implementaria a função:

```
my_project > lib > math.ex > ...
1    defmodule Math do
2      def factorial(0), do: 1
3      def factorial(n) when n > 0, do: n * factorial(n - 1)
4    end
5
```

E então você escreveria um teste unitário para essa função:

```
my_project > test > 🔥 math_test.exs > ...
  1  defmodule MathTest do
  2    use ExUnit.Case
  3
  4    test "factorial of 5" do
  5      assert Math.factorial(5) == 120
  6    end
  7  end
  8
```

Testes de Integração

Testes de integração verificam como diferentes partes do seu sistema trabalham juntas. Eles são especialmente úteis para garantir que os módulos ou serviços externos interajam corretamente com sua aplicação.

Exemplo De Teste De Integração:

Imagine que você tenha um sistema que faz uma chamada a uma API externa para buscar informações do usuário. Você poderia simular essa chamada em seu teste de integração:

```
my_project > test > user_api_test.exs > ...
  1  defmodule UserApiTest do
  2    use ExUnit.Case
  3
  4    test "fetch user data" do
  5      # Simulação da chamada API
  6      # Assert que verifica a integração correta e o processamento dos dados
  7    end
  8  end
```

Para testes de integração, é comum usar mocks ou stubs para simular partes externas do sistema.

Mock Objects

Mock objects são usados para simular o comportamento de módulos reais em testes, permitindo testar a interação entre módulos sem depender de implementações externas.

O Elixir, através de bibliotecas como Mock, permite criar mocks, garantindo que se comportem de maneira esperada.

Exemplo De Uso De Mock Com A Lib Mock 0.3:

Para instalar a lib basta configurar o mix.exs adicionando {:mock, "~> 0.3", only: :test} assim:

```
 21    # Run "mix help deps" to learn about dependencies.
 22    defp deps do
 23      [
 24        {:mock, "~> 0.3", only: :test}
 25      ]
 26    end
```

Depois rode o comando mix deps.get para instalar a nova lib.

Em seguida crie o método que será utilizado junto ao Mock.

```
my_project > lib > 🔹 my_service.ex > ...
1   defmodule MyService do
2     def fetch_data(term), do: {:ok, term}
3   end
4
```

Agora, você pode usar a lib Mock em seus testes para simular chamadas ao serviço:

```
my_project > test > 🔹 my_service_test.exs > ...
1   defmodule MyServiceTest do
2     use ExUnit.Case
3
4     import Mock
5
6     test "uses the mock service" do
7       with_mock(MyService, [fetch_data: fn _ -> {:ok, "mocked response"} end]) do
8         assert MyService.fetch_data(:response) == {:ok, "mocked response"}
9       end
10    end
11  end
12
```

O ExUnit do Elixir fornece todas as ferramentas necessárias para escrever testes unitários e de integração robustos, bem como suporte para o uso de mock objects através de bibliotecas externas. Essa abordagem não apenas garante a qualidade do seu código, mas também promove um design de software melhor, à medida que você pensa nas interfaces e integrações do seu sistema de forma mais crítica. Com prática e experiência, você se tornará proficiente em identificar e escrever testes eficazes para diferentes partes do seu sistema, maximizando os benefícios do TDD.

TDD EM AÇÃO: SISTEMA DE AVALIAÇÃO DE PRODUTOS COM ELIXIR

Passo 1: Definindo o Requisito

Vamos criar uma funcionalidade que permite adicionar uma avaliação a um produto. Cada avaliação terá uma nota de 1 a 5.

Passo 2: Escrevendo o Primeiro Teste

Começamos escrevendo um teste para a função add_rating, que ainda não existe. O objetivo é adicionar uma avaliação a um produto.

test/rating_system_test.exs:

```
my_project > test > 🔥 rating_system_test.exs > ...
 1  defmodule RatingSystemTest do
 2    use ExUnit.Case
 3
 4    test "adds a rating to a product" do
 5      initial_product = %{name: "Tea", ratings: []}
 6      updated_product = RatingSystem.add_rating(initial_product, 5)
 7
 8      assert length(updated_product.ratings) == 1
 9      assert Enum.at(updated_product.ratings, 0) == 5
10    end
11  end
12
```

Passo 3: Executando o Teste

Ao executar o teste (mix test), ele falha, pois a função add_rating e o módulo RatingSystem ainda não foram implementados. Este é o estágio "Red" do TDD.

Passo 4: Escrevendo o Código
para Passar o Teste

Agora, vamos implementar a função da maneira mais simples possível para fazer o teste passar.

lib/rating_system.ex:

```
my_project > lib > 🔥 rating_system.ex > ...
 1  defmodule RatingSystem do
 2    def add_rating(product, rating) do
 3      updated_ratings = [rating | product.ratings]
 4      Map.put(product, :ratings, updated_ratings)
 5    end
 6  end
 7
```

Aqui, simplesmente adicionamos a nova avaliação à lista de avaliações existentes no produto.

Passo 5: Refatorando o Código

O teste agora passa, mas podemos querer refatorar nosso código para melhorar sua estrutura ou eficiência.

Por exemplo, podemos querer garantir que as avaliações sejam sempre armazenadas em ordem, ou podemos introduzir validação para a nota de avaliação.

lib/rating_system.ex (Refatorado):

```
my_project > lib >  rating_system.ex > ...
1   defmodule RatingSystem do
2     def add_rating(product, rating) when rating in 1..5 do
3       updated_ratings = List.insert_at(product.ratings, -1, rating)
4       |> Enum.sort()
5       Map.put(product, :ratings, updated_ratings)
6     end
7   end
8
```

Agora, o código não só adiciona a avaliação, mas também garante que ela esteja dentro de uma faixa válida e mantém as avaliações ordenadas.

Passo 6: Revisando e Continuando
o Desenvolvimento

Após a refatoração, execute novamente os testes para garantir que todas as mudanças ainda satisfazem os requisitos iniciais. O processo TDD é iterativo: após completar um ciclo, você começa o próximo escrevendo um novo teste para a próxima funcionalidade ou melhoria.

Este exemplo prático demonstra como o TDD pode ser aplicado no desenvolvimento de uma funcionalidade simples em Elixir, começando com um teste falho, escrevendo código para passar o teste e, finalmente, refatorando o código para melhorar a qualidade. A chave para o TDD é o ciclo iterativo de testes, que ajuda a construir software robusto e facilmente mantido, focando na entrega contínua de valor através de pequenas melhorias.

APLICANDO TDD EM UM CRUD DE LIVROS COM PHOENIX

Este capítulo o orientará pelo desenvolvimento de uma aplicação CRUD (Create, Read, Update, Delete) para livros, empregando o framework Phoenix. Adotaremos a metodologia TDD para implementar a funcionalidade de listagem em nosso CRUD, e através disso, compartilharei minha estratégia e abordagem no desenvolvimento de projetos com TDD. Implementaremos uma tabela de banco de dados para os livros e criaremos testes que abrangem tanto o controle quanto o módulo responsável, seguindo os princípios do TDD.

Instalando o framework Phoenix

Para configurar o Phoenix em seu ambiente de desenvolvimento e evitar contratempos durante a instalação, recomendo que visite o site oficial do Phoenix em https://www.phoenixframework.org e siga as instruções detalhadas para instalar a versão mais recente do Phoenix.

Iniciando um projeto com o Phoenix

Para iniciar nosso projeto, utilizaremos o comando:

```
mix phx.new app
```

Esse comando criará uma pasta chamada 'app' contendo um projeto Phoenix já configurado com o banco de dados PostgreSQL. Para executar o projeto, será necessário instalar o PostgreSQL ou usar o Docker para rodar um container do banco de dados PostgreSQL. Eu optei pela segunda abordagem, usando o comando:

```
docker run -p 5432:5432 --name db-postgres -e POSTGRES_PASSWORD=postgres -d postgres
```

Com esse comando, consegui evitar configurações adicionais no projeto Phoenix. Prossigo com os comandos iniciais para construir o projeto:

```
mix setup
```

e em seguida:

```
mix phx.server
```

Após isso, acessar a URL localhost:4000 em um navegador nos permitirá visualizar a página inicial do projeto.

Criando a lista de Livros com TDD

O foco inicial será o desenvolvimento de testes unitários, seguido pela implementação dos controladores, módulos e tabelas do banco de dados necessários para satisfazer os testes conforme os princípios do TDD.

Passo 1: Definindo O Requisito E Criando O Teste

O objetivo inicial é testar a funcionalidade de listagem de livros. Para isso, é preciso um endpoint /books com um método GET que retorne a lista de livros do banco de dados. O teste definirá essas expectativas:

```
app > test > app_web > controllers > 📖 books_controller_test.exs > { } AppWeb.BooksControllerTest
 1   defmodule AppWeb.BooksControllerTest do
 2     use AppWeb.ConnCase
 3
 4     describe "index" do
 5       test "returns a list of books", %{conn: conn} do
 6         conn = get(conn, ~p"/books")
 7         assert html_response(conn, 200) =~ "Listing books"
 8         refute html_response(conn, 200) =~ "No books found"
 9       end
10     end
11   end
```

Nesse teste espero por um retorno HTML que contenha um título **Listing books** e que não tenha a frase **No books found** para garantir que no teste tenha pelo menos 1 registro na lista.

Passo 2: Executando O Teste

Ao rodar o teste com (mix test), ele não passará, já que a implementação ainda não foi realizada.

Passo 3: Implementando O Código Necessário

Precisaremos de um endpoint nas rotas do sistema que responda à rota /books com o método GET, direcionando para um controlador chamado books_controller.ex, que inicialmente retornará uma lista vazia de livros em um response HTML.

Definiremos o endpoint, o controlador, o apontamento para o template e o próprio template dentro da pasta controllers/ books_html/index.html.heex.

```
17    scope "/", AppWeb do
18      pipe_through :browser
19
20      get "/", PageController, :home
21      get "/books", BooksController, :index
22    end
23
```

Vamos criar o controle assim:

```
app > lib > app_web > controllers > ● books_controller.ex > ...
1    defmodule AppWeb.BooksController do
2      use AppWeb, :controller
3
4      def index(conn, _params) do
5        books = []
6        render(conn, :index, books: books)
7      end
8    end
9
```

Apontar para nosso template:

```
app > lib > app_web > controllers > ● books_html.ex > ...
1    defmodule AppWeb.BooksHTML do
2      use AppWeb, :html
3
4      embed_templates "books_html/*"
5    end
6
```

E criar o template dentro da pasta controllers/books_html/ index.html.heex:

app > lib > app_web > controllers > books_html > ≡ index.html.heex

```
 1   <h1>Listing books</h1>
 2   <%= if Enum.empty?(@books) do %>
 3     <p>No books found</p>
 4   <% else %>
 5     <%= for book <- @books do %>
 6       <div class="book">
 7         <h2 class="title-book"><%= book.title %></h2>
 8         <p><%= book.author %></p>
 9         <p><%= book.description %></p>
10       </div>
11     <% end %>
12   <% end %>
13
```

Com tudo isso o teste ainda vai apresentar erro porque ainda não temos nenhum livro criado no banco de dados e o erro que vai aparecer ao rodar o teste vai ser referente ao assert:

refute html_response(conn, 200) =~ "No books found"

Como o nosso teste ainda está no vermelho precisamos seguir implementando o que ainda falta até que o teste fique verde.

Mas aqui nesse ponto vamos ter um detalhe importante. O que está faltando agora é um módulo que vai acessar o banco de dados e vai listar os livros e quando saímos dos testes a nível de controle precisamos criar outro teste que vai cobrir o nível de módulos da aplicação.

Então vamos criar esse novo teste unitário que vai se chamar books_test.ex e vai estar dentro da pasta test/app/books_test.exs

```
app > test > app > 🔥 books_test.exs > ...
  1   defmodule AppWeb.BooksTest do
  2     use App.DataCase
  3
  4     describe "list_all/0" do
  5       test "returns a list of books" do
  6         books = App.Books.list_all()
  7
  8         assert Enum.count(books) != 0
  9       end
 10     end
 11   end
 12
```

Note que ao rodar os testes vamos ter 2 falhas e nova falha indica que não existe o módulo e método Books.list_all().

Precisamos continuar criando os módulos e método para resolver esse erro e seguindo dessa forma vamos acabar percebendo que precisamos criar uma tabela no banco de dados e em seguida criar a listagem dos registros.

Vamos iniciar criando um migrate que vai ser responsável por criar uma tabela no banco de dados usando o comando:

mix ecto.gen.migration create_books_table

E definir a migrate:

```
app > priv > repo > migrations > 💲 20240214165147_create_books_table.exs > ...
   1   defmodule App.Repo.Migrations.CreateBooksTable do
   2     use Ecto.Migration
   3
   4     def change do
   5       create table(:books) do
   6         add :title, :string
   7         add :author, :string
   8         add :description, :string
   9
  10         timestamps()
  11       end
  12     end
  13   end
  14
```

E em seguida rodar o comando

mix ecto.migrate

O próximo passo é criar o Schema que vai representar essa tabela de livros dentro do sistema. Vamos definir no arquivo:

app/lib/app/book/book.ex

```
app > lib > app > book > 🔶 book.ex > ...
 1   defmodule App.Book do
 2     use Ecto.Schema
 3     import Ecto.Changeset
 4
 5     schema "books" do
 6       field :title, :string
 7       field :author, :string
 8       field :description, :string
 9
10       timestamps()
11     end
12
13     @doc false
14     def changeset(book, attrs) do
15       book
16       |> cast(attrs, [:title, :author, :description])
17       |> validate_required([:title, :author, :description])
18     end
19   end
20
```

Ainda precisamos definir o módulo para listar os livros em app/book/books.ex

```
app > lib > app > book > 🔶 books.ex > ...
 1   defmodule App.Books do
 2     alias App.Book
 3     alias App.Repo
 4
 5     def list_all() do
 6       Repo.all(Book)
 7     end
 8   end
 9
```

Nesse momento os nossos testes estão quase passando. O que falta é criar registros de livros para utilizarmos nos testes e para isso vamos criar um BooksFixtures em **test/support/fixtures/ books_fixtures.ex** para inserir livros no banco de dados em nossos testes:

```
app > test > support > fixtures > ♦ books_fixtures.ex > ...
1   defmodule App.BooksFixtures do
2
3     alias App.Book
4     alias App.Repo
5
6     def books_fixture(attrs \\ %{}) do
7       %Book{
8         title: "The Pragmatic Programmer",
9         author: "Andrew Hunt and David Thomas",
10        description: "The Pragmatic Programmer ..."
11      }
12      |> Book.changeset(attrs)
13      |> Repo.insert!()
14    end
15  end
16
```

E em seguida vamos rodar esse BooksFixtures nos testes de Módulo:

```
app > test > app > 🔥 books_test.exs > ...
 1  defmodule App.BooksTest do
 2    use App.DataCase
 3
 4    import App.BooksFixtures
 5
 6    describe "list_all/0" do
 7      test "returns a list of books" do
 8        books_fixture()
 9        books = App.Books.list_all()
10
11        assert Enum.count(books) != 0
12      end
13    end
14  end
15
```

E nos testes do controle:

```
app > test > app_web > controllers > 🔥 books_controller_test.exs > ...
 1  defmodule AppWeb.BooksControllerTest do
 2    use AppWeb.ConnCase
 3
 4    import App.BooksFixtures
 5
 6    describe "index" do
 7      test "returns a list of books", %{conn: conn} do
 8        books_fixture()
 9        conn = get(conn, ~p"/books")
10        assert html_response(conn, 200) =~ "Listing books"
11        refute html_response(conn, 200) =~ "No books found"
12      end
13    end
14  end
15
```

Com isso vamos rodar novamente os testes para finalmente chegarmos na cor verde informando que todos os requisitos foram atendidos.

Passo 4: Refatorando e evoluindo

Neste estágio, temos a oportunidade de refinar ainda mais a interface do usuário, introduzindo funcionalidades avançadas como filtros ou opções de ordenação. Isso envolverá a adaptação dos testes existentes e a refatoração do código para acomodar essas novas características. O processo de TDD nos permite realizar essas melhorias de forma segura e eficiente, assegurando que qualquer nova funcionalidade esteja bem testada e integrada sem interrupções.

Este método passo a passo é fundamental para o desenvolvimento progressivo de uma aplicação robusta. Ao seguirmos essa abordagem, garantimos uma entrega final de alta qualidade, livre de defeitos e com uma cobertura completa das regras de negócio, proporcionando confiança tanto para a equipe de desenvolvimento quanto para os stakeholders.

DESAFIOS COMUNS AO ADOTAR O TDD E COMO SUPERÁ-LOS

Desafio 1: Resistência Cultural

Problema

Muitas vezes, a equipe pode resistir à adoção do TDD por não estar familiarizada com os benefícios que esta prática pode trazer ou por acreditar que ela vai desacelerar o desenvolvimento.

Solução

Educação e Treinamento: Ofereça workshops e sessões de treinamento para mostrar os benefícios do TDD.
Demonstração por Resultados: Comece com um projeto piloto para demonstrar como o TDD pode melhorar a qualidade do código e reduzir bugs.

Desafio 2: Dificuldade em Escrever Testes Antes do Código

Problema

Escrever testes antes do código pode ser contra-intuitivo para quem está acostumado a escrever código primeiro e testar depois.

Solução

Prática e Paciência: Encoraje a prática constante do TDD para desenvolver a mentalidade de testar primeiro.
Mentoria e Pair Programming: Use pair programming com um membro experiente em TDD para guiar os menos experientes.

*Desafio 3: Manter os
Testes Relevantes*

Problema

À medida que o projeto cresce, testes antigos podem se tornar irrelevantes ou redundantes, levando a uma base de testes inchada e difícil de manter.

Solução

Revisão Regular de Testes: Incorpore a revisão de testes como parte do processo de refatoração para remover ou atualizar testes obsoletos.
Foco na Documentação de Testes: Documente o propósito de cada teste para facilitar a manutenção futura.

Desafio 4: Lidar com Testes Frágeis

Problema

Testes que dependem demais do estado do sistema ou de configurações específicas podem se tornar frágeis e quebrar frequentemente, mesmo com mudanças mínimas no código.

Solução

Use Mocks e Stubs: Isolar componentes do teste usando mocks e stubs para reduzir dependências.

Teste Comportamentos, Não Implementações: Foque em testar o que o código deve fazer, não como ele faz.

Desafio 5: Testes Lentos

Problema

Uma suíte de testes grande pode se tornar muito lenta, desencorajando sua execução frequente.

Solução

Otimização da Suíte de Testes: Identifique e otimize os testes mais lentos. Pode-se, por exemplo, reduzir o acesso a banco de dados ou recursos externos.

Execução Paralela de Testes: Utilize recursos de execução paralela de testes disponíveis em muitos frameworks para acelerar a execução.

Adotar o TDD é um compromisso a longo prazo que pode enfrentar resistência inicial e desafios práticos. No entanto, ao abordar esses desafios de forma proativa e manter uma mentalidade aberta para aprendizado e adaptação, as equipes podem colher os benefícios significativos do TDD, incluindo maior qualidade de código, redução de bugs e uma base de código mais sustentável. Lembre-se de que a chave para o sucesso com TDD é a prática constante, a revisão e a otimização dos testes para garantir que eles permaneçam relevantes e eficientes.

AGRADECIMENTOS

À medida que esta jornada chega ao seu final, gostaria de reservar um momento para expressar minha profunda gratidão a todos aqueles que tornaram este livro possível. Escrever sobre Test-Driven Development (TDD) na prática com Elixir foi uma experiência tanto desafiadora quanto gratificante, e ela não teria sido a mesma sem o apoio e incentivo de muitos.

Primeiramente, minha eterna gratidão à minha família. À minha esposa, Aline, por sua paciência infinita, amor e encorajamento constante, mesmo nos momentos mais tumultuados do processo de escrita. Ao meu filho, Murilo, por ser uma fonte contínua de inspiração e alegria. Vocês são meu porto seguro e a razão pela qual eu busco ser melhor a cada dia.

Aos meus pais, irmã e toda a minha família extendida, obrigado por acreditarem em mim e me apoiarem incondicionalmente em todas as minhas empreitadas. Sua fé inabalável em meu potencial tem sido um dos meus maiores motivadores.

Um agradecimento especial aos meus amigos, que ofereceram ouvidos atentos e conselhos sábios nos momentos em que mais precisei. Sua companhia e apoio foram essenciais para manter meu ânimo e foco.

Aos meus colegas de trabalho e tech leads, cujas perspectivas únicas, experiência compartilhada e apoio colaborativo enriqueceram enormemente meu entendimento e aplicação do

TDD. Trabalhar ao seu lado tem sido uma fonte constante de aprendizado e inspiração.

Não posso deixar de expressar minha gratidão aos milhares de alunos que tive o prazer de ensinar ao longo dos anos. Seu entusiasmo pelo aprendizado, perguntas instigantes e dedicação contínua têm sido um lembrete constante do porquê eu escolhi seguir este caminho. Este livro também é para vocês, na esperança de que ele sirva como uma ferramenta valiosa em sua jornada de aprendizado.

Por último, mas certamente não menos importante, agradeço à comunidade Elixir pelo seu espírito acolhedor, colaborativo e inovador. Sem o trabalho árduo e a paixão de todos que contribuem para esta comunidade, este livro não seria possível.

Este livro é o culminar de muitas horas de trabalho, aprendizado e colaboração. Cada palavra escrita é um testemunho do apoio e encorajamento que recebi ao longo deste caminho. A todos vocês, meu mais sincero obrigado.

SOBRE O AUTOR

Guilherme Ferreira

Guilherme é formado em Ciência
da Computação pela
Universidade de Santa Cruz do
Sul (UNISC), onde iniciou sua
jornada no vasto mundo da
tecnologia. Atualmente, trabalha
como Engenheiro de Software e
ocupa a posição de Tech Lead,
demonstrando não apenas sua
competência técnica, mas
também sua habilidade em
liderar equipes no
desenvolvimento de soluções inovadoras.

Com uma paixão profunda por compartilhar conhecimento,
Guilherme tem se dedicado a ministrar diversos cursos na
plataforma Udemy. Seus cursos cobrem uma ampla gama de
tópicos no campo da engenharia de software, incluindo, mas
não se limitando a, desenvolvimento ágil, práticas de Test-
Driven Development (TDD) e programação em Elixir. Através de
sua abordagem prática e didática, ele tem ajudado estudantes e
profissionais ao redor do mundo a aprimorar suas habilidades e
a entender melhor os princípios que regem o desenvolvimento de
software de alta qualidade.

A decisão de Guilherme de escrever um livro sobre TDD com

Elixir vem de sua vontade de consolidar seu conhecimento e experiência em um recurso abrangente que possa servir tanto para iniciantes quanto para desenvolvedores experientes. Ele acredita firmemente que o TDD não é apenas uma metodologia de desenvolvimento, mas uma filosofia que pode transformar a maneira como pensamos e criamos software, tornando o processo mais eficiente, confiável e, acima de tudo, gratificante.

Guilherme continua a explorar novas tecnologias e metodologias, sempre buscando maneiras de melhorar a qualidade do software e a eficácia das equipes de desenvolvimento. Ele espera que, ao compartilhar suas experiências e insights através deste livro, possa inspirar outros a seguir um caminho similar de contínuo aprendizado e inovação.

www.ingramcontent.com/pod-product-compliance
Lightning Source LLC
Chambersburg PA
CBHW061053050326
40690CB00012B/2611